Mitologia giapponese per principianti

Vivrà le emozionanti saghe del Giappone e scoprirà passo dopo passo la cultura del paese nipponico.

Tobias Kuhn

Tutti i consigli contenuti in questo libro sono stati attentamente considerati e verificati. Tuttavia, non è possibile fornire alcuna garanzia. Si esclude pertanto qualsiasi responsabilità dell'autore o dell'editore per eventuali lesioni personali, danni alla proprietà o perdite finanziarie.

Tutti i diritti sono riservati, in particolare il diritto di riprodurre e distribuire la traduzione. Nessuna parte di quest'opera può essere riprodotta in qualsiasi forma (tramite fotocopia, microfilm o qualsiasi altro processo) o memorizzata, elaborata, duplicata o distribuita tramite sistemi elettronici senza il permesso scritto dell'editore.

CONTENUTO

Cosa può aspettarsi da questo libro

Da una prospettiva europeo-occidentale, molto di ciò che riguarda lo stato del Giappone, compresa la sua storia e cultura e le persone che vi abitano, sembra non solo estraneo, ma anche in qualche modo inaccessibile e incomprensibile. Chi non se ne occupa esplicitamente, spesso non ha alcun legame con il Giappone. Naturalmente, questo vale anche per la mitologia giapponese. A differenza della mitologia greco-romana o nordico-germanica, il livello di conoscenza di questa mitologia in Occidente è piuttosto basso.

L'enorme distanza geografica e culturale fa sì che sia piuttosto improbabile avere una o anche diverse persone nelle immediate vicinanze che abbiano familiarità con questo argomento. In altre parole, si tratta di un interesse di nicchia in questo Paese. È interessato a colmare una o due lacune nella sua formazione in questa direzione? Forse ha già una conoscenza di base del Giappone e desidera approfondire la sua mitologia, oppure è interessato in generale a come le diverse culture del mondo sono modellate dalle rispettive mitologie.

In ognuno di questi casi, ha preso la decisione giusta acquistando questo libro. Le peculiarità culturali del mondo sono diverse e ognuna di esse è emozionante a suo modo e offre all'osservatore molte cose interessanti. Il Giappone non fa eccezione. E questo è l'argomento di questo libro.

Poiché il contenuto di questo libro è rivolto ai principianti, vorrei astenermi dall'entrare troppo nei dettagli e dal fornire dettagli che sono rilevanti solo per i giapponologi professionisti. Poiché tradurrò i nomi dei parlanti e spiegherò i contesti storici, non si presuppone in alcun modo la conoscenza della lingua o della storia giapponese. Al contrario, questo libro intende fornire ai lettori non specialisti una panoramica dell'intera gamma di argomenti legati alla parola chiave "mitologia giapponese". Questo include non solo i miti e le leggende in sé. Imparerà tutto sui concetti di base che sono indispensabili per affrontare l'argomento. Il background della mitologia giapponese, di cosa parlano le storie mitologiche, come vengono interpretate, in quali opere letterarie sono principalmente registrate e molto altro ancora.

Nozioni di base

SHINTŌ

Sebbene il Giappone non abbia più una religione di Stato ufficialmente definita, dopo la completa secolarizzazione imposta al governo del Paese dall'occupazione americana nel 1945, dopo la fine della Seconda Guerra Mondiale, ci sono comunque due fedi che sono di gran lunga le più popolari e le più rappresentate tra la popolazione giapponese: Da un lato, c'è il Buddismo, o più precisamente la sua forma giapponese, che si differenzia da quella che si trova sul continente asiatico, e dall'altro, lo Shintō (conosciuto anche negli ambienti non specialistici con la denominazione meno accurata di "Shintōismo").

Avrà notato che qui ho deliberatamente usato il termine "fedi" invece di "religioni". Per quanto riguarda la questione se lo Shintō sia o meno una religione, o se lo Shintō debba essere indicato come tale nella letteratura umanistica e trattato di conseguenza, non esiste una risposta univoca e corretta nemmeno all'interno della giapponologia; le opinioni al riguardo sono diverse.

Ma non è solo negli studi giapponesi in generale che sorgono difficoltà con la definizione di Shintō. Per questo libro in particolare, la posizione dello Shintō in Giappone significa anche che in alcuni punti è difficile delineare che cosa debba essere considerato mitologia giapponese e che cosa no. La maggior parte delle narrazioni mitologiche che possono essere descritte come shintōistiche sono così inestricabilmente legate alla vita quotidiana giapponese che spesso è impossibile distinguere tra mitologia giapponese e mitologia shintō.

Proprio come le tradizioni giapponesi e le tradizioni shintō, entrambi i termini sono spesso da considerarsi quasi identici, tanto che è difficile o a volte semplicemente impossibile classificare un certo fenomeno come esclusivamente giapponese o shintōistico, perché le peculiarità caratteristiche del Giappone sono per lo più di origine shintōistica o almeno fortemente correlate a Shintō. Poiché quasi tutte le tradizioni culturali della storia intellettuale giapponese sono influenzate in qualche modo da elementi shintōistici, sarebbe possibile e legittimo trattarle tutte come una mitologia collettiva. Tuttavia, sarebbe molto confuso e poco maneggevole, soprattutto per un principiante, cercare di affrontare tutti questi contenuti in una volta sola. Essere sopraffatti da una così vasta quantità di informazioni, come nomi, storie e concetti, sarebbe piuttosto scoraggiante e quindi tutt'altro che favorevole all'impegno sul tema.

Per questo motivo, ho deciso di concentrarmi su ciò che potrebbe essere definito in generale come mitologia Shintō 'pura'. Mi occuperò prima di tutto di ciò che è legato ad essa e solo alla fine discuterò brevemente di altre idee mitologiche.

IL COSMO DELLA MITOLOGIA GIAPPONESE

Sono necessarie anche alcune brevi definizioni dei termini. Nella mitologia giapponese, i kami sono sempre menzionati. La parola giapponese "kami" diventa spesso "dio/dei" nelle traduzioni dei testi in lingua giapponese nelle lingue occidentali. Sebbene questa traduzione sia appropriata in alcuni casi, a seconda del testo, nell'uso giapponese sono possibili anche traduzioni come "anima/e", "spirito/i della natura", "essenza/e" o "santità". Nel contesto dello Shintō, tutti questi significati si applicano in un certo senso. Inoltre, i kami non sono solo esistenze di origine soprannaturale o ultraterrena, ma anche antenati o governanti defunti. Capita anche che piante, oggetti o persino singole parti di altri kami siano intesi come kami. Poiché non esiste una parola in lingua tedesca che combini tutti questi significati e che quindi abbia esattamente le stesse connotazioni, utilizzerò il termine giapponese non tradotto.

Inoltre, è utile capire come è costruito il mondo secondo la mitologia giapponese. È composto dal cielo, chiamato Takamagahara (letteralmente "alto livello del cielo"), e dalla terra. Il luogo esatto in cui si trova il cielo non viene mai menzionato in dettaglio. È possibile che si intenda il cielo vero e proprio, ma ci sono anche interpretazioni secondo le quali la mitologia si riferisce a luoghi del Giappone lontani e distanti dalla civiltà umana, soprattutto montagne.

Il cielo e la terra sono separati l'uno dall'altro e collegati da un ponte fluttuante chiamato Ama no Uki-hashi (letteralmente "ponte fluttuante del cielo"). Al di sotto della terra si trova il mondo sotterraneo o mondo dei morti, Yomi (l'origine etimologica della parola non è nota, per cui è piuttosto da intendersi come un nome proprio senza significato), in cui vanno tutti i defunti, indipendentemente dal loro stile di vita. Inoltre, c'è un altro luogo chiamato Ne no Kuni (letteralmente "terra delle radici"), che nelle traduzioni occidentali viene spesso indicato come il mondo sotterraneo. A seconda della tradizione, questo luogo è identico al mondo sotterraneo chiamato Yomi oppure è un altro mondo inferiore, un regno dei morti da cui la vita sboccia nuovamente. Ogni volta che il mondo sotterraneo viene menzionato nel seguito, si intende sempre Yomi; per chiarezza, la terra delle radici viene sempre chiamata così.

All'inizio, la maggior parte dei kami vive in cielo ed entra in terra solo temporaneamente, se non del tutto, prima di tornare in cielo, morire e quindi entrare nel mondo sotterraneo o "ritirarsi", il che significa per lo più che non appaiono più nella narrazione da quel momento in poi. In seguito, diversi kami vivono sulla terra e sono separati da quelli in cielo.

Il Giappone, ovviamente, si trova sulla Terra. Poiché lo Stato giapponese non esisteva ancora con questo nome e nella sua forma moderna al momento della stesura della mitologia, il gruppo di isole che compongono l'attuale Giappone è chiamato con nomi diversi nei miti che sono nati in tempi diversi. In parte si tratta di parafrasi molto poetiche, come Ashihara no Nakatsukuni (letteralmente "terra all'interno delle pianure di canne") o Toyoashihara no Mizuho no Kuni (letteralmente "terra delle giovani spighe di riso sulle ricche pianure di canne"), ma in parte sono nomi di ex province all'interno del Giappone, a volte utilizzati come sinonimi per l'intero Giappone o per il mondo intero. Questo perché molti racconti e aneddoti locali sono stati incorporati nella mitologia di tutto il Giappone nel corso del tempo, e questi racconti spesso citano solo il nome del loro luogo di origine quando si riferiscono al mondo umano. La provincia storica di I-zumo, che si trovava nella parte orientale dell'attuale

Prefettura di Shimane, viene menzionata particolarmente spesso.

La narrazione mi-tologica

KUNIUMI E KAMIUMI

La narrazione della mitologia giapponese inizia con la creazione dell'universo. La causa di questa nascita non è specificata e all'inizio l'universo si trova in uno stato caotico e informe. Più o meno nello stesso momento, cinque generazioni di kami, i cosiddetti Koto Amatsukami (letteralmente "distinti kami celesti"), sorgono dal nulla. Il cielo e la terra sorgono e si separano l'uno dall'altro.

La terra quindi esiste già, ma è fatta solo di mare e non ha ancora una terra. Dopo la creazione del cielo e della terra, si aggiungono altre sette generazioni, le cosiddette Kamiyo Nanayo (letteralmente "sette generazioni dell'età dei Kami"). Mentre le cinque generazioni del Koto Amatsukami e le prime due generazioni del Kamiyo Nanayo sono costituite ciascuna da un solo kami senza sesso, che è apparso spontaneamente e non si riproduce, le cinque generazioni successive del Kamiyo Nanayo sono costituite ciascuna da due fratelli, un kami maschio e uno femmina, che insieme danno vita alla generazione successiva.

Segue l'epoca conosciuta come Kuniumi (letteralmente "nascita della terra"), in cui si colloca l'inizio dell'esistenza del nostro mondo. Il mito parla dei due kami Izanagi no Mikoto (letteralmente "l'invitante"; in seguito Izanagi) e Izanami no Mikoto (letteralmente "l'invitante"; in seguito Izanami), che, come settima e ultima generazione del Kamiyo Nanayo, sono entrambi fratelli e una coppia. Dai loro predecessori ricevono la responsabilità di creare la terra. Entrano nel ponte che collega il cielo e la terra. Da lì, creano la prima massa terrestre della storia toccando la superficie dell'acqua con una lancia gioiello, mescolando l'acqua e poi sollevando la lancia al di sopra dell'acqua in modo che alcune gocce di acqua salata ricadano sulla superficie dell'acqua, diventando l'isola di Onogoroshima (letteralmente 'isola che si coagula da sola').

Izanagi e Izanami entrano in questa terra da soli, costruiscono un palazzo sostenuto da un pilastro del cielo e si sposano lì. A causa di un errore nel rituale nuziale, il loro primo figlio, un maschio, nasce imperfetto. A seconda delle fonti, è semplicemente handicappato o privo di braccia e gambe o addirittura senza ossa. A causa di questo aspetto caratteristico, lo chiamano Hiruko (letteralmente 'bambino sanguisuga') e lo abbandonano su una piccola barca in mare.

Dopo che Izanagi e Izanami chiedono consiglio agli altri kami ancora in cielo, ripetono la cerimonia nel modo giusto e Izanami fa nascere la maggior parte delle isole del Giappone una dopo l'altra, completando il Kuniumi e aprendo la strada al cosiddetto Kamiumi (letteralmente 'nascita dei kami').

Nelle isole giapponesi, Izanami dà vita a numerosi kami. Varie fonti parlano di un numero compreso tra 800 e 800 milioni. L'ultimo dei suoi figli è Hi no Kagutsuchi (letteralmente "potere splendente"; i. F. Kagutsuchi), il kami del fuoco. A seconda della tradizione, il corpo di Kagutsuchi è interamente costituito da fiamme o emette costantemente fuoco, motivo per cui infligge alla madre ferite così gravi durante il parto che lei muore e deve essere sepolta. Nella sua rabbia, Izanagi uccide suo figlio Kagutsuchi. Dai suoi resti emergono altri kami e quando Izanagi taglia il suo corpo in otto pezzi con una spada, questi diventano otto vulcani.

Izanagi, spinto dal desiderio di rivedere sua moglie, si reca nel mondo sotterraneo dove finalmente la trova. Lei esprime il desiderio che lui non la guardi, perché ha già mangiato i frutti del mondo sotterraneo e ne è stata cambiata. Quando non tiene conto di questa richiesta e cerca di sbirciare di nascosto Izanami addormentata di notte, scopre con orrore che il suo aspetto esteriore, un tempo bellissimo, è diventato quello di un cadavere in decomposizione e corroso.

Il suo urlo sveglia Izanami e Izanagi, inseguito da lei e da un'orda di guerrieri, fugge dal mondo sotterraneo, cosa che riesce a fare con l'aiuto di tre pesche di un albero vicino. Arrivato all'ingresso del mondo sotterraneo, il suo sguardo e quello di Izanami si incontrano per l'ultima volta, prima che lui chiuda l'ingresso con l'aiuto di una roccia. Per vendicarsi, Izanami giura di far morire 1000 persone al giorno, mentre Izanagi giura di fare in modo che si verifichino 1500 nascite al giorno.

Poiché era stato nel mondo sotterraneo e doveva vedere lo stato in cui si trovava Izanami, Izanagi compie un rituale di purificazione in un fiume. Diversi kami emergono dai suoi abiti dismessi e dal lavaggio delle impurità del mondo sotterraneo con l'acqua del fiume. Tra questi, gli ultimi tre sono particolarmente importanti da menzionare: Il kami del sole, Amaterasu-Ōmikami (letteralmente "che illumina il cielo"; i. F. Amaterasu), nato dall'occhio sinistro di Izanagi; il kami della luna, Tsukuyomi no Mikoto (letteralmente "che conta le lune". Tsukuyomi), dal suo occhio destro; e il kami della tempesta e del mare, Susanoo no Mikoto (letteralmente "l'impetuoso"; cioè Susanoo), dal suo naso.

Questi tre fratelli nascono nello stesso momento e svolgono probabilmente il ruolo più importante in tutta la mitologia giapponese. In una variante della narrazione resa nel Nihonshoki, Amaterasu, Tsukuyomi e Susanoo non sono state create solo da Izanagi, ma sono tre dei figli che Izanagi e Izanami hanno generato insieme dopo il loro arrivo sulla terra appena creata. Amaterasu è il loro primo figlio. In questa tradizione, Izanami non muore, motivo per cui né lei né suo marito entrano nel mondo sotterraneo.

Prima di ritirarsi, Izanagi divide il mondo tra i tre figli: Ad Amaterasu viene affidato il dominio del cielo, a Tsukuyomi quello della notte e a Susanoo quello dei mari. A differenza dei suoi due fratelli, Susanoo rifiuta di fare il suo dovere, preferendo stare con Izanami. Dopo aver pianto così a lungo da essere già cresciuto e aver fatto crescere una barba lunga otto pesi, causando nel frattempo il prosciugamento di tutti i fiumi, viene esiliato nel Paese delle Radici da suo padre, che da quel momento in poi non viene più menzionato. Questo segna la fine dei Kamiumi.

Amaterasu, Tsukuyomi e Susanoo sono chiamate collettivamente Mihashira no Uzu no Miko (letteralmente "i tre figli nobili o preziosi"). Amaterasu, in particolare, rappresenta la figura centrale della mitologia giapponese. In contrasto con l'importanza di Tsukuyomi è la scarsa menzione nei testi mitologici. In effetti, si sa così poco di Tsukuyomi che non si conosce nemmeno il suo sesso. Nella maggior parte dei casi, tuttavia, si presume che fosse un kami maschio.

Amaterasu e Tsukuyomi si sposano e condividono temporaneamente il paradiso. Quando Amaterasu invia Tsukuyomi come sua rappresentante a Ukemochi, kami del cibo e altra figlia di Izanagi e Izanami, Tsukuyomi uccide Ukemochi per il disgusto di creare cibo da diverse parti del suo corpo. Anche altri kami vengono creati dai suoi resti. Amaterasu e Tsukuyomi si separano e Amaterasu, profondamente arrabbiata, decide di non voler più vedere Tsukuyomi.

Prima che Susanoo inizi il suo esilio, sale in cielo da sua sorella Amaterasu per dirle addio. Per dimostrarle che le sue intenzioni sono sincere, i due fratelli si impegnano in una gara, il cui svolgimento esatto varia da fonte a fonte. Durante questa gara, molti altri kami vengono creati dai vestiti, dai gioielli, dalle armi e da altri oggetti che i due fratelli portano con sé. A questo punto, però, va menzionato solo Ame no Oshihomimi, che fu creato dai gioielli che Amaterasu portava nei capelli.

Dopo la fine della gara, Susanoo commette una serie di misfatti sacrileghi, i cosiddetti amatsutsumi (letteralmente "crimini o peccati celesti"), in cui, tra l'altro, distrugge il raccolto, profana i luoghi sacri e fa arrabbiare e persino ferire mortalmente altri kami. A seconda della fonte, lo fa o perché perde la gara e ne è frustrato, o perché la vince ed è talmente inebriato dalla vittoria che non riesce più a controllare il proprio comportamento.

Amaterasu inizialmente è ancora disposta a ignorare le azioni di Susanoo, ma dopo che lui finalmente scuoia un cavallo, buca il tetto della sala di tessitura di Amaterasu, lancia il cavallo scuoiato attraverso uno dei fori all'interno della sala e ferisce mortalmente una delle tessitrici, anche lei ne ha finalmente abbastanza. Si ritira inorridita in una grotta e, poiché incarna il sole, la luce del sole scompare dal cielo e dalla terra, lasciandola nell'oscurità.

Guidati da Tokoyo no Omoikane (letteralmente "eternamente al servizio dei suoi pensieri"), il kami della saggezza, gli altri kami escogitano un piano per convincere Amaterasu a tornare con l'aiuto di una spettacolare esibizione davanti alla grotta. L'esibizione comprende uccelli che cantano e alberi sradicati. La parte più importante consiste in una danza rituale e pantomimica eseguita davanti alla grotta da Ame no Uzume no Mikoto (i.F. Ame no Uzume), kami del crepuscolo, della felicità e dell'arte, in una sorta di stato di trance. Vestita di fiori, foglie e piante, offre uno spettacolo comico e divertente prima di togliersi i vestiti ed eseguire la danza nuda.

Così riesce a far ridere a crepapelle tutti i kami riuniti, e anche Amaterasu nella grotta sente. Quando si affaccia all'esterno, vede se stessa in uno specchio che è stato collocato davanti all'ingresso. Cammina verso lo specchio e viene accecata dal suo riflesso luminoso, tanto che all'inizio non si riconosce. Il kami Ame no Tajikarao (letteralmente 'mano forte del cielo'), in piedi accanto all'ingresso, coglie l'occasione e la tira completamente fuori dalla grotta. Dopo essere stata implorata e disperatamente pregata di tornare dagli altri kami, accetta e la luce del sole ritorna nel mondo. La scena in cui esce dalla grotta, affronta l'esibizione di Ame no Uzume e degli altri kami e permette alla luce del sole di tornare a splendere è uno dei momenti più famosi della mitologia giapponese ed è stata immortalata artisticamente molte volte. Susanoo viene sottoposto a una cerimonia di purificazione come punizione per le sue azioni e viene nuovamente bandito.

SUSANOO E ŌKUNINUSHI

Susanoo, bandito sulla terra, incontra un'anziana coppia in lutto che gli racconta che negli ultimi sette anni sette delle loro otto figlie sono state mangiate da Yamata no Orochi (letteralmente "serpente gigante a otto punte"; i.F. Orochi), un mostro gigante simile a un serpente o a un drago con otto teste e otto code. Quando si avvicina il momento in cui Orochi apparirà per l'ottava volta e prenderà anche la loro ultima figlia Kushinada-hime (letteralmente "meravigliosa principessa delle risaie"), chiedono aiuto a Susanoo.

Quest'ultimo si rivela come il fratello di Amaterasu e si offre di uccidere Orochi se gli permetteranno di sposare la figlia. Trasforma Kushinada-hime in un pettine e la nasconde tra i suoi capelli al mostro. La coppia prepara poi del sakè su istruzioni di Susanoo, con il quale Orochi viene ubriacato e poi ucciso da Susanoo. Nel corpo del mostro trova la leggendaria spada Kusanagi no Tsurugi (letteralmente "spada taglia erba"), che regala alla sorella Amaterasu al suo ritorno per riparare al suo comportamento e risolvere la disputa tra i due fratelli.

Ōkuninushi no Mikoto (letteralmente "proprietario o padrone della grande terra"; in inglese:

Ōkuninushi), che, a seconda della fonte, è un figlio o un trisavolo (cioè un discendente di sesta generazione) di Susanoo e Kushinada-hime, si reca in un regno straniero con i suoi 80 fratelli o fratellastri più grandi (il numero 80 potrebbe non essere inteso letteralmente e potrebbe anche indicare un numero molto grande). Si reca in un regno straniero con i suoi 80 fratelli o fratellastri più grandi (il numero 80 potrebbe non essere inteso in senso letterale e può anche indicare un numero molto grande), poiché sono tutti interessati alla principessa Yagami-hime che vive lì. I fratelli vanno avanti e incontrano un coniglio ferito che è stato attaccato da coccodrilli e squali e ha bisogno di aiuto.

Nella loro natura crudele, gli fanno uno scherzo, in modo che il suo dolore e la sua sofferenza si aggravino ulteriormente. Anche Ōkuninushi, che li segue, incontra il coniglio e lo aiuta. Grazie alla sua disponibilità, attira l'attenzione della Principessa Yagami-hime, che gli fa guadagnare l'invidia dei suoi fratelli. Insieme, i fratelli gelosi attirano Ōkuninushi in una trappola, in modo che muoia bruciato su una roccia rovente. Sua madre chiede a Kamimusubi no Mikoto (letteralmente "colui che fa nascere i kami"), uno dei Koto Amatsukami menzionati in precedenza, di riportarlo in vita. Lui esaudisce il suo desiderio e Ōkuninushi torna ad essere un bel giovane.

Poi il processo si ripete, i fratelli lo uccidono di nuovo spaccando un albero con un cuneo e facendolo ricomporre, schiacciando Ōkuninushi. Sua madre riesce di nuovo a riportarlo indietro. Questa volta gli consiglia di fuggire a Susanoo, nel Paese delle Radici. Durante la sua fuga, sfugge per un pelo a un terzo e ultimo attentato alla sua vita da parte dei suoi fratelli.

Dopo essere riuscito a fuggire, cerca Susanoo e si innamora della figlia di quest'ultimo, Suseri-hime. Susanoo non è d'accordo con il matrimonio tra i due, quindi gli sottopone quattro prove, che per la loro assurda difficoltà non devono essere superate. Dopo averle comunque superate - tre grazie all'aiuto di Suseri-hime e una grazie all'aiuto di un topo di campagna - lega i capelli di Susanoo alle travi del tetto del palazzo e fugge con Suseri-hime, la spada di Susanoo, il suo arco e il suo koto (cetra giapponese). Quando urta accidentalmente un albero con il koto, Susanoo si sveglia, urta accidentalmente le travi battendovi sopra troppo velocemente e con violenza, e in questo modo fa crollare il suo stesso palazzo. Li insegue fino all'ingresso della Terra delle Radici, nonostante il loro vantaggio. Nel frattempo, però, Ōkuninushi era riuscito a impressionare Susanoo superando le prove e compiendo una fuga spettacolare.

Invece di inseguire i due amanti, dà loro la sua benedizione e lascia a Ōkuninushi le sue armi, con le quali riesce a sconfiggere i fratelli dopo il loro ritorno e diventa padrone del regno terreno. Allo stesso tempo, ri-forma la terra, che è considerata una continuazione dell'atto di creazione interrotto dalla morte di Izanami.

Amaterasu offre a suo figlio Ame no Oshihomimi il dominio sulla terra. Poiché lui rifiuta perché, secondo lui, la Terra è ancora troppo selvaggia e indomita, Amaterasu fa la stessa offerta al suo secondo figlio, Ame no Hohi. Quest'ultimo parte, ma una volta sulla Terra, lui e Ōkuninushi, che governa la Terra, sviluppano simpatie reciproche, cosicché Ame no Hohi non è più interessato a prendere il comando e non riferisce più a sua madre. Suo figlio, Ame no Wakahiko, è il prossimo a ricevere l'offerta di Amaterasu e viene inviato sulla Terra. Lì, però, sposa la figlia di Ōkuninushi, Shitateruhime, e non rispetta il suo incarico originale. Per questo motivo, Amaterasu e Takamimusubi no Mikoto (letteralmente, "colui che porta avanti"), un altro Koto Amatsukami, inviano il kami del tuono e della spada, Takemikazuchi (letteralmente, "coraggioso fulmine e tuono"), che è uno dei kami creati in seguito all'assassinio di Kagutsuchi da parte di Izanagi, per soggiogare la terra.

Dopo il suo arrivo, Takemikazuchi chiede a Ōkuninushi di consegnare la terra. Ōkuninushi lascia la decisione ai suoi due figli. Mentre uno di loro, Yae Kotoshironushi,   accetta   immediatamente   di consegnargli la terra, l'altro, Takeminakata, lo sfida a un combattimento, che Takemikazuchi vince. Questo processo è chiamato kuniyuzuri (letteralmente "resa della terra").

Dopo che il Paese è stato sottomesso in questo modo, Amaterasu offre nuovamente ad Ame no Oshihomimi di governarlo. Quest'ultimo propone invece suo figlio, Amatsuhiko Hikoho no Ninigi no Mikoto (cioè Ninigi) come sovrano, cosa che Amaterasu e Takamimusubi accettano. Ninigi entra nella terra, da solo o accompagnato da altri kami, a seconda della tradizione. Il suo percorso verso la terra viene definito Tenson kōrin (letteralmente "discesa dal cielo"). Sarutahiko Ōkami (letteralmente "principe del campo delle scimmie", cioè F. Sarutahiko), leader dei kami terrestri, lo ostacola, ma viene convinto a lasciarlo passare da Ame no Uzume, menzionato in precedenza. Ame no Uzume e Sarutahiko diventano una coppia. Sulla terra, Ninigi si innamora di Konohanasakuya-hime (letteralmente "principessa dei fiori di ciliegio in fiore"), kami del Monte Fuji. Chiede al padre di lei, Ōyamatsumi (letteralmente "dimora delle grandi montagne"), kami delle montagne e della guerra, di sposarla.

Ōyamatsumi gli offre invece la figlia maggiore, Iwanaga-hime, che Ninigi rifiuta a causa del suo aspetto. Ōyamatsumi permette il matrimonio tra Ninigi e Konohanasakuya-hime, ma maledice Ninigi per aver rifiutato Iwanaga-hime. Come risultato della maledizione, Ninigi e tutti i suoi discendenti furono privati dell'immortalità e la loro durata di vita fu drasticamente ridotta. In altre tradizioni, è la stessa I-wanaga-hime a pronunciare la maledizione.

JINMU

Ninigi lascia in eredità un amo da pesca al figlio maggiore Hoderi no Mikoto (letteralmente "bagliore di fuoco"; i. F. Hoderi) per farne un pescatore, e un arco al fratello minore Hoori no Mikoto (letteralmente "ricchezza di raccolto"; i. F. Hoori) per farne un cacciatore. Hoderi non è soddisfatto del suo dono, perché l'arco può essere usato con qualsiasi tempo, mentre la pesca dipende dal tempo giusto. Essendo il fratello maggiore, ritiene di meritare il dono più utile e convince Hoori a scambiarlo. Tuttavia, dopo aver continuato a mancare il bersaglio con l'arco, vuole invertire lo scambio. Hoori, tuttavia, perde l'amo in mare. Dopo che Hoderi insiste perché lo ritrovi e lo minaccia addirittura di morte, Hoori parte alla ricerca in mare. Incontra Toyotama-hime (letteralmente "Principessa dei Gioielli Ricchi"), la figlia di Watatsumi (letteralmente "Protettore del Mare"), il kami dell'acqua simile a un drago, che sposa.

Poi trascorre un po' di tempo nel palazzo di Watatsumi. Dopo aver raccontato a suo suocero la sua situazione, chiede a tutti i pesci di cercare l'amo. Alla fine lo trova nella bocca di un pesce. Hoori, in preda alla nostalgia, torna dal fratello con la moglie, l'amo maledetto da Watatsumi e un gioiello che controlla la marea e uno che controlla il diluvio. Hoderi si rende conto che non può più avere successo con l'amo a causa della maledizione e attacca Hoori. Hoori lo sopraffà con l'aiuto dei due gioielli e Hoderi giura che i suoi discendenti serviranno come guardie del corpo di Hoori.

Toyotama-hime rimane incinta di Hoori. Lui costruisce per lei una capanna per il parto con piume di cormorano. Quando si avvicina la nascita del bambino, la capanna non è ancora completamente finita e quindi non è opaca. Pertanto, Toyotama-hime chiede al marito di non guardarla quando nasce il bambino, perché deve assumere la sua forma non umana per farlo. Lui non riesce a trattenere la sua curiosità e vede che lei si è trasformata in un coccodrillo o in un drago simile a uno squalo per il parto. Hoori si spaventa e scappa.

Toyotama-hime si vergogna a tal punto da ritirarsi in mare, lasciando dietro di sé il marito e il figlio neonato Ugayafukiaezu no Mikoto (letteralmente "copertura incompleta di piume di cormorano"; i. F. Ugayafukiaezu) e chiudendo la strada verso il regno del mare. Manda la sorella minore Tamayori-hime a prendersi cura del bambino. In altre versioni, Tamayori-hime è già arrivata con loro quando Hoori e Toyotama-hime tornano. Quando Ugayafukiaezu cresce, sposa la zia Tamayori-hime.

Insieme, Ugayafukiaezu e Tamayori-hime hanno quattro figli. All'età di 45 anni, il figlio più giovane Kamu-yamato Iware-biko no Mikoto (ovvero Kamu-yamato Iware-biko) consiglia ai suoi tre fratelli di migrare più a est per conoscere meglio i territori inesplorati e trovare un luogo più adatto per amministrare l'intero Paese. Quando arrivano dopo diversi anni, Kamu-yamato Iware-biko è l'unico tra loro ancora vivo, poiché i suoi fratelli sono stati uccisi nelle battaglie lungo il percorso. Un corvo a tre zampe lo conduce in quella che poi diventerà la provincia di Yamato. Anche un altro uomo di nome Nigihayahi rivendica il trono in quel luogo, poiché anche lui rivendica la discendenza dai kami. Quando vede Kamu-yamato Iware-biko, però, lo riconosce come legittimo e gli cede volontariamente il regno. Kamu-yamato Iware-biko salì quindi al trono nel 660 a.C. con il nome di Jinmu-Tennō, diventando il primo imperatore del Giappone. Con lui e la dinastia da lui istituita, termina l'era dei kami e inizia l'era degli uomini, o imperatori umani. Si dice che sia morto nel 585 a.C. all'età di 126 anni.

Significato

SPIEGAZIONE DEI FENOMENI NATURALI E CULTURALI

Molti elementi della mitologia giapponese funzionano come una sorta di spiegazione di vari fenomeni osservabili nella natura e nella cultura giapponese. La chiusura dell'ingresso agli inferi da parte di Izanagi stabilisce il fatto che esiste una separazione e una demarcazione tra il mondo dei vivi e quello dei morti che non può essere facilmente attraversata.

Il voto di Izanami di provocare 1000 morti al giorno, e la reazione di Izanagi che fa nascere 1500 persone al giorno, mette in moto l'inizio del ciclo naturale della vita e della morte. L'alternanza naturale del giorno e della notte, o del sole e della luna, è spiegata anche mitologicamente: poiché Amaterasu e

Tsukuyomi hanno litigato e Amaterasu non vuole più vedere Tsukuyomi, il sole e la luna non possono essere visti insieme. La maledizione di Ninigi da parte di Ōyamatsumi o Iwanaga-hime spiega perché la vita umana ha una durata media. Anche il semplice fatto che gli esseri umani preparino il cibo e lo mangino per sopravvivere ha una spiegazione mitologica. Dopo l'assassinio di Ukemochi da parte di Tsukuyomi, Amaterasu si fece portare il cibo che aveva creato, lo apprezzò e decise che in futuro sarebbe servito come cibo per i discendenti dei kami.

La rappresentazione di Ame no Uzume davanti alla grotta è considerata l'origine mitologica o l'ispirazione del teatro kagura giapponese, mentre la lotta tra Takemikazuchi e Takeminakata per il dominio sulla terra si dice che abbia rappresentato il primo incontro di lotta Sumō del Giappone, da cui sono ispirati i combattimenti tradizionali.

Lo stretto rapporto del Giappone con il mare, che è sempre stato importante nella storia del Paese e del suo popolo, risale anche alla mitologia. Lì, il mare funziona spesso come una sorta di 'altro mondo' in cui molte delle leggi che si applicano sulla terraferma sembrano essere sospese. Ad esempio, a proposito del palazzo di Watatsumi (Ryūgū-jō) è scritto che il tempo passa in modo diverso o che c'è una stagione diversa su ognuno dei suoi quattro lati. Nei tempi precedenti, sembra ancora facile viaggiare tra terra e mare, ma dopo la separazione più netta tra i due regni causata da Toyotama-hime, questo cambia, il che spiega perché non è sempre facile viaggiare avanti e indietro tra terra e mare senza ulteriori indugi. Hiruko, il figlio abbandonato da Izanagi e Izanami, invece, serve a spiegare alcuni attributi positivi associati al mare.

Ad esempio, i giapponesi sono solitamente molto grati per il pesce e le altre ricchezze che vengono portate a riva. Si dice che alcune pietre arenate a riva siano di buon auspicio per una buona pesca, e anche i cadaveri d'acqua arenati a riva o trovati vicino alla costa sono sorprendentemente considerati un segno positivo e spesso vengono sepolti con rispetto nel cimitero del villaggio.

Tra i compagni di Ninigi nel viaggio verso la Terra ci sono cinque kami, che sono considerati gli antenati di cinque diversi clan familiari giapponesi e che rappresentano ciascuno un gruppo professionale: Cappellaio, Scudiere, Metalmeccanico, Tessitore e Gioielliere. Il fatto che scendano sulla terra con Ninigi spiega non solo perché queste professioni sono comuni tra la gente, ma anche perché la rispettiva famiglia tradizionalmente praticava la rispettiva professione. Allo stesso modo, il giuramento di Hoderi che i suoi discendenti debbano servire quelli di suo fratello Hoori è una legittimazione del ruolo del clan familiare che risale a Hoderi nell'impero.

RUOLO E (PSEUDO)STORICITÀ DEL TENNŌ

Il ruolo della casa imperiale in Giappone è in gran parte legittimato mitologicamente.

La spada catturata da Susanoo (Kusanagi no Tsurugi), la collana di Amaterasu (Yasakani no Magatama) e lo specchio collocato davanti alla grotta di Amaterasu (Yata no Kagami) furono, secondo la leggenda, donati a Ninigi da Amaterasu durante il suo viaggio sulla terra e da lui lasciati in eredità ai suoi discendenti. Sono chiamati le tre insegne imperiali del Giappone (Sanshu no Jingi, letteralmente 'tre tesori sacri') e si dice che siano ancora oggi in possesso della famiglia imperiale, il che legittima anche il loro potere.

La parte della cronaca registrata del Giappone che può essere definita mitologica non termina con l'età dei kami, ma continua per molti anni attraverso la storia giapponese, terminando, a seconda della visione storica, nel primo secolo a.C. o addirittura nel sesto secolo d.C. Non solo il Jinmu-Tennō è molto probabilmente mitologico, ma si presume anche che i suoi otto successori non siano realmente vissuti nella forma descritta mitologicamente. Se siano esistiti o meno e se le date di nascita, morte e regno siano corrette, è molto discutibile. Solo per l'esistenza del decimo imperatore giapponese, Sujin-Tennō, che prese il potere nel 97 a.C., esistono prove storiche. Tuttavia, lui e alcuni dei suoi successori sono spesso definiti 'leggendari', in quanto le prove indicano la loro esistenza, ma non sono abbastanza forti da stabilire la loro storicità in modo inequivocabile.

Il 15° imperatore, Ōjin-Tennō, che salì al trono nel 270 d.C., è considerato da alcuni storici il primo Tennō, la cui esistenza - nonostante le prove ancora inconcludenti - è molto probabile. La storicità di alcuni dei suoi successori è supportata dal fatto che presumibilmente coincidono con i governanti giapponesi menzionati nei documenti cinesi, che vengono indicati come i "Cinque Re di Wa" e che inviarono degli inviati in Cina per essere riconosciuti dall'imperatore. Tutti gli eredi al trono dal 29° imperatore in poi, Kinmei-Tennō, che regnò dal 539 al 571, sono storicamente attestati. Questo vale sia per la loro esistenza in sé che per le date di nascita, adesione e morte.

Si ritiene che nella storia della registrazione dei miti giapponesi, il testo narrativo originale sia stato occasionalmente alterato o manipolato per motivi politici, al fine di garantire la posizione della famiglia imperiale. Tra l'altro, la posizione speciale spesso attribuita alla provincia storica di Yamato, e anche la sua frequente menzione come sinonimo dell'intero Giappone, è stata probabilmente costruita retrospettivamente perché la famiglia imperiale ha avuto origine lì.

È anche possibile che la spada che Ōkuninushi riceve da Susanoo, con la quale sconfigge i suoi fratelli e si assicura il dominio sulla terra per il momento, sia la Kusanagi no Tsurugi che ha catturato. Ma poiché questa deve entrare in possesso della famiglia imperiale per legittimare il suo potere, il mito è stato modificato, presumibilmente per conto di un Tennō, in modo che Amaterasu inizialmente tenga con sé il Kusanagi no Tsurugi e successivamente lo dia a Ninigi perché lo porti con sé. La spada lasciata in eredità a Ōkuninushi è stata rinominata in una non meglio specificata "Spada della Vita". In altre versioni, si tratta invece di una lancia o non viene menzionata affatto.

Contrariamente alla credenza popolare, tuttavia, non è vero che il Tennō stesso fosse un tempo ritenuto dal popolo giapponese un kami in forma umana. È considerato un essere umano discendente dai kami, ma non è percepito come qualcosa di soprannaturale o non umano. Così, quando gli Stati Uniti chiesero al 124° Tennō, Hirohito, dopo la Seconda Guerra Mondiale, di riconoscere pubblicamente che era umano, questo non cambiò l'opinione della popolazione giapponese in generale nei confronti del loro capo di Stato, contrariamente alla visione americana.

MOTIVI

Un motivo che definisce la mitologia giapponese è la personalità dei kami, che di solito è molto umana. Mostrano emozioni umane, reagiscono spesso in modo fin troppo umano alle circostanze esterne o al comportamento degli altri, commettono occasionalmente degli errori e si comportano in modo forte o debole in diversi tipi di situazioni. In termini più generali, pensano, agiscono, si comportano e reagiscono in modi comprensibili per gli esseri umani. Tuttavia, come già detto, questo è il caso di regola, che non è privo di eccezioni.

In casi più isolati, il comportamento di alcuni kami sfida la comprensione umana. Il primo esempio è Izanami nel mondo sotterraneo. È comprensibile che non voglia farsi vedere dal fratello e dal compagno nelle sue condizioni; la sua reazione successiva, invece, sembra nel migliore dei casi esagerata e nel peggiore completamente incomprensibile. Questi episodi non sono così frequenti, ma ogni volta sono particolarmente evidenti.

Un altro motivo che la mitologia giapponese contiene - o, più precisamente, spesso non contiene - è il concetto di bene e male. Per la maggior parte, questo è vistosamente assente. Ci sono kami, così come altri esseri e azioni, che hanno chiaramente connotazioni negative, ma lo stato che prevale il più delle volte è quello dell'ambivalenza.

Esiste una certa idea di moralità, ma è definita solo in modo molto vago. Nei punti in cui qualcosa deve essere chiaramente percepito dall'osservatore come buono o cattivo, come giusto o ingiusto, non solo i kami appaiono piuttosto impassibili, ma anche la stessa narrazione del testo raramente prende posizione e raramente specifica come la situazione debba essere giudicata moralmente. Naturalmente, ci sono delle eccezioni, come nel caso estremo delle malefatte di Susanoo, che sono condannate all'unanimità dai kami e in cui anche la narrazione del testo chiarisce in modo inequivocabile che si tratta di azioni chiaramente malvagie.

Alcuni oggetti appaiono anche più frequentemente come motivi. Un buon esempio è la Totsuka no Tsurugi (letteralmente "spada a dieci mani"). Ogni volta che viene menzionata una spada, accade sempre che si tratti proprio di una spada di questo tipo. La spada con cui Izanagi uccide suo figlio Kagutsuchi e ne fa a pezzi il corpo è una Totsuka no Tsurugi, ad esempio. In seguito viene chiamata Itsu no Ohabari e appare persino come un essere vivente e parlante o un kami a tutti gli effetti. La gara tra Amaterasu e Susanoo coinvolge un altro Totsuka no Tsurugi senza nome, e anche la spada che Susanoo usa per abbattere Orochi è di questo tipo (a differenza del leggendario Kusanagi no Tsurugi che trova nel corpo del mostro).

Quando Takemikazuchi esige il passaggio di potere da Ōkuninushi dopo il suo arrivo sulla terra, siede anche su una Totsuka no Tsurugi con il nome proprio di Futsu Mitama no Tsurugi, che lui stesso aveva precedentemente conficcato nel terreno. In seguito, grazie all'intervento di Takemikazuchi, la stessa spada giunse in modo indiretto nelle mani del futuro Jinmu-Tennō, Kamu-yamato Iware-biko, che aiutò a vincere una battaglia nella regione di Kumano.

Infine, non si può ignorare che anche l'incesto è un motivo ricorrente. Alcuni kami sposano i membri della loro famiglia, spesso i loro fratelli più prossimi, e danno alla luce una prole con loro. Nei documenti testuali, questo non viene commentato come insolito o sbagliato, e la prole non mostra alcuna conseguenza associata. Ad esempio, lo stato in cui si trova Hiruko alla nascita è attribuito al rituale di matrimonio andato male, non al rapporto di parentela dei suoi genitori. Inoltre, i figli che lo seguono non sembrano essere affeti dagli stessi problemi. Probabilmente una delle ragioni più ovvie e scontate è che, nonostante la loro personalità prevalentemente simile a quella umana, i kami non sono da equiparare agli esseri umani e quindi né la reputazione negativa o il tabù né le conseguenze dell'incesto si applicano necessariamente a loro.

Ma al di là di questo, ci sono altre ragioni che spiegano l'aumento della frequenza. In primo luogo, i matrimoni tra fratellastri non erano rari nella famiglia imperiale fino a circa il sesto secolo; in secondo luogo, la parola imo (lettura moderna: imōto), che al giorno d'oggi sta quasi sempre per "sorella minore", può anche significare "moglie" nel Giappone antico, motivo per cui alcuni presunti casi di incesto nella mitologia giapponese potrebbero non essere realmente fratelli.

Situazione della fonte

KOJIKI

Le due opere letterarie più importanti che sono considerate fonti della mitologia giapponese sono il Kojiki (letteralmente, "resoconto di eventi antichi") e il Nihon Shoki (letteralmente, "cronaca scritta del Giappone"). Entrambe le opere iniziano con le origini mitologiche del mondo e la loro narrazione si estende fino al primo millennio dopo Cristo. Inoltre, hanno in comune il fatto che, sebbene non siano considerate fonti storiche completamente affidabili, sono comunque considerate importanti dagli storici e dagli archeologi per le descrizioni dell'antico Giappone che contengono.

Quando si parla di versioni diverse di un racconto mitologico, di solito ci si riferisce alla versione del Kojiki e a quella del Nihon shoki. A volte solo i dettagli di una narrazione altrimenti identica differiscono tra le due opere, ma spesso le differenze sono maggiori e le due versioni si contraddicono a vicenda. Tale contraddizione può verificarsi anche all'interno della stessa opera e deriva dal fatto che due tradizioni diverse si sono incontrate e si è cercato di unirle in un unico evento, sebbene in origine fossero indipendenti. Anche i nomi di alcuni kami differiscono tra kojiki e nihon shoki, in questi casi è spesso chiaro dal contesto che si sta facendo riferimento allo stesso kami.

Il Kojiki è la più antica opera letteraria sopravvissuta in Giappone. È importante notare che il contenuto dell'intero testo non è stato preso direttamente da altri documenti e racconti scritti più antichi, ma è stato dettato oralmente da una sola persona.

La famiglia imperiale e gli altri clan familiari che regnavano in varie epoche redigevano vari registri delle loro genealogie e vari aneddoti sulle loro origini e sul loro passato, già prima che nascesse il Kojiki. Questa pratica iniziò probabilmente nel VI secolo d.C. Poiché a volte si verificavano delle contraddizioni, il 40° imperatore, Tenmu, ordinò un'ispezione più attenta e una revisione dei registri durante il suo regno, al fine di chiarire queste contraddizioni ed eliminare gli errori che si erano insinuati nel tempo. Allo stesso tempo, però, intendeva unire diverse famiglie regnanti del passato in un'unica grande famiglia ininterrotta, oltre a stabilire una legittimazione mitologica per il governo di questa famiglia e per le posizioni dei membri di altre famiglie all'interno del sistema regnante.

Un recitatore di nome Hieda no Are (se fosse un uomo o una donna non è noto e non si può discernere dal nome) fu incaricato di memorizzare il risultato di questa revisione. Are era uno dei confidenti del Tenmu-Tennō, secondo la tradizione possedeva una memoria eccezionalmente buona e proveniva da una famiglia il cui lignaggio, secondo la sua stessa dichiarazione, risaliva ad Ame no Uzume. Solo nel 711, ossia 25 anni dopo la fine del regno di Tenmu-Tennō, la 43esima imperatrice Genmei commissionò la stesura del Kojiki. Il Kojiki fu completato alla sua corte intorno all'anno 712 dallo scriba Ō no Yasumaro. Il contenuto si basa sulla narrazione riprodotta da Are.

Il testo del Kojiki è diviso in tre parti, precedute da una breve prefazione di Ō no Yasumaro, in cui descrive la genesi dell'opera e spiega la sua struttura e alcune delle sue caratteristiche scritte. La prima parte va dall'inizio del Cielo e della Terra e del Koto Amatsukami alla nascita del Jinmu-Tennō. La seconda parte descrive il percorso della famiglia imperiale attraverso il periodo dei primi 15 imperatori, da Jinmu-Tennō a Ōjin-Tennō. La terza parte descrive l'ulteriore corso della storia della famiglia da Nintoku-Tennō alla 33esima imperatrice, Suiko-Tennō.

NIHON SHOKI

Il Nihon shoki è la seconda opera letteraria più antica sopravvissuta in Giappone e anche la prima delle sei cronache della mitologia e della storia giapponese scritte alla corte imperiale nell'ottavo e nono secolo, che coprono tutte un periodo di tempo diverso. Si differenzia dal Kojiki per molti aspetti: Mentre il Kojiki, scritto in sino-giapponese, era destinato ai lettori all'interno del Giappone, il Nihon shoki, scritto in cinese classico, era inteso come una cronaca nazionale che poteva essere presentata ad altri popoli.

Il Kojiki si basa anche su fonti tramandate all'interno della famiglia imperiale, mentre il Nihon shoki attinge le sue informazioni anche da fonti esterne. Inoltre, le informazioni storiche del Nihon shoki sono considerate più vicine alla realtà. Questo è in netto contrasto con il Kojiki, per il quale un filo narrativo mitologico coerente e ininterrotto è più importante di un orientamento preciso verso i fatti storici. Infine, le due opere si differenziano anche per il fatto che il Nihon shoki è più dettagliato nel suo aspetto storico rispetto al Kojiki, che tende a semplificare gli eventi storici e ad abbellirli con i miti. Tuttavia, omette alcune narrazioni mitologiche, presumibilmente perché non sono abbastanza rilevanti per il contesto storico dell'opera.

A differenza delle tre sezioni del Kojiki (la divisione di un testo in tre parti, una "superiore", una "media" e una "inferiore", è molto diffusa nella letteratura giapponese classica), il Nihon shoki è composto da 30 capitoli. Solo i primi due raccontano l'età dei kami, e il terzo inizia già con il Jinmu-Tennō. Gli altri capitoli si estendono fino alla 41esima Imperatrice, Jinō-Tennō, anche se non sempre viene dedicato un singolo capitolo a ciascun Tennō, in quanto occasionalmente due o tre di essi vengono combinati in un capitolo comune, e il periodo Tenmu-Tennō si estende addirittura su due capitoli, il che potrebbe essere legato alla sua importanza per la nascita del Kojiki.

Al 39° imperatore, Kōbun-Tenno, non è dedicato alcun capitolo, poiché il suo regno durò solo pochi mesi. Un caso particolare si verifica relativamente all'inizio del testo: Dopo il terzo capitolo, che tratta del primo imperatore, il periodo di quasi cinque secoli (dal 581 al 98 a.C.) dal secondo al nono imperatore viene riassunto in un unico capitolo, in cui vengono enumerati solo dati molto sommari sulle loro vite e sui loro regni. Questo potrebbe avere a che fare con il fatto che sono tutti considerati assolutamente mitologici e non sono attestati in alcun modo. Sebbene questo valga anche per il Jinmu-Tennō, questo è troppo importante, a differenza dei suoi successori chiamati kesshi hachidai (letteralmente "otto imperatori senza cronache"). Solo il Sujin-Tennō, che è anche il primo Tennō con prove storiche, riceve di nuovo il proprio capitolo.

I capitoli non documentano quasi esclusivamente le esperienze della famiglia imperiale, come nel Kojiki, ma includono anche resoconti più ampi sul destino del Giappone durante i loro regni. Gli imperatori non sono ritratti esclusivamente in termini eroici; così come vengono riportate le virtù degli imperatori buoni, anche le malefatte degli imperatori peggiori. Vengono documentati anche i contatti del Giappone con i Paesi stranieri. La storia del Kojiki è contenuta anche nel Nihon shoki. Per il periodo che va dal 661 al 697, è considerato un documento storicamente accurato; il resto dell'opera è considerato avere diversi gradi di veridicità.

Altre mitologie in Giappone

SINCRETISMO BUDDISTA-SHINTŌISTA

Dopo l'affermazione del Buddismo in Giappone, iniziò lo Shinbutsu-konkō (letteralmente "miscela Kami-Buddha"), l'unione dello Shintō con il Buddismo importato dalla Cina. Così, per certi aspetti, emerse una forma mista di elementi del Buddismo e dello Shintō. Il termine tecnico per tale miscela è sincretismo. Un fenomeno di questa combinazione in alcuni luoghi è stato quello dei cosiddetti templi santuario, costituiti da santuari Shintō e templi buddisti, o la popolarizzazione dei monaci santuario che erano presenti come monaci buddisti nella maggior parte dei santuari Shintō. Anche se lo shinbutsu-bunri ("letteralmente divisione kami Buddha") nel XIX secolo causò nuovamente una separazione e una riduzione generale dell'influenza buddista in Giappone, alcune influenze dello shinbutsu-konkō sono ancora presenti oggi. Queste includono l'associazione di vari kami della mitologia Shintō con le divinità buddiste. Questi erano considerati identici alle rispettive divinità venerate nel Buddismo o come altre incarnazioni o manifestazioni di esse.

Uno degli esempi più noti è che quattro dei "sette dei della fortuna" buddisti (giapp. Shichifukujin) sono ancora associati ad alcuni kami. Ebisu, dio dei pescatori e della pesca, è solitamente considerato identico a Hiruko, il primo figlio di Izanagi e Izanami, che, dopo essere stato abbandonato da loro in mare, fu trovato dalle prime persone che vivevano in Giappone, che si presero cura di lui. Dopo essere sopravvissuto ad alcune avversità, si dice che le sue deformità alla nascita siano guarite, tanto che viene ancora raffigurato con una postura leggermente chinata, ma con un sorriso accattivante.

Ci sono anche altre tradizioni secondo le quali Ebisu è identico a Kotoshironushi, uno dei figli di Ōkuninushi. Si ritiene che Daikokuten, dio della cucina, della ricchezza e della fertilità, sia identico a

Ōkuninushi, in quanto entrambi sono associati allo stesso luogo in Giappone e sono spesso raffigurati mentre portano un sacco sulla schiena e sono accompagnati da un topo. Ci sono anche delle somiglianze nella loro ortografia. Benzaiten, dea dell'arte, della musica e dell'eloquenza, è considerata l'essenza di Ugajin, kami del raccolto e della fertilità. Viene spesso raffigurata con la sua immagine sopra la testa. Bishamonten, dio della fortuna della guerra, è associato a Hachiman, l'Ōjin-Tennō che divenne kami dopo la sua morte. Hachiman è anche associato al successo nelle battaglie.

MITOLOGIA DEGLI AINU

Gli Ainu sono la popolazione indigena dell'isola giapponese più settentrionale di Hokkaidō e della regione di Tōhoku sull'isola principale di Honshū. Inoltre, sono indigeni anche in alcune aree a est dell'attuale Russia. Appartengono a un gruppo etnico diverso da quello degli attuali giapponesi e hanno una lingua propria, che non è correlata al giapponese. Storicamente, sono stati spesso in conflitto con i giapponesi, che, come molti popoli indigeni in tutto il mondo, li hanno oppressi.

Solo dal 2008 sono stati riconosciuti in Giappone come popolo indigeno con una propria cultura. Poiché molti Ainu hanno vissuto in isolamento dalla popolazione giapponese in passato e lo fanno ancora oggi, non sorprende che abbiano anche una propria mitologia. Non si sa molto di questa mitologia come di quella dei giapponesi, il che è in parte dovuto al fatto che gli Ainu, come i giapponesi, non hanno avuto un sistema scritto per molto tempo e i miti venivano trasmessi puramente oralmente. Opere come il Kojiki e il Nihon shoki non esistevano e non esistono tra gli Ainu. A causa dell'oppressione e della violenza subita dagli Ainu da parte dei giapponesi, la loro popolazione è diminuita, tanto che oggi le loro credenze popolari sono poco praticate, il che rende difficile studiarle.

La mitologia degli Ainu ha delle somiglianze con quella giapponese, ad esempio si parla di esseri spirituali che vengono chiamati kamuy nella lingua Ainu. Non è solo il nome ad avere somiglianze con il termine giapponese kami. Anche le caratteristiche dei kamuy sono simili, ma non identiche. Inoltre, una versione del mito della creazione Ainu menziona una coppia celeste chiamata Ae Oyna Kamuy e Turesh che arriva sulla terra e il cui figlio è il primo Ainu. Il fatto che Ae Oyna Kamuy porti una lancia è un parallelo sorprendente con Izanagi e Izanami.

Una componente significativa della mitologia Ainu, che non si trova nella mitologia giapponese, è il ruolo importante dell'orso, che si riflette in un culto dell'orso, ossia l'adorazione rituale degli orsi. Spesso si racconta che i Kamuy appaiono sotto forma di orso nel mondo degli umani e assumono la loro vera forma solo nel loro mondo. In una versione del mito della creazione degli Ainu, l'orso è menzionato anche come antenato originale degli Ainu, presumibilmente perché gli Ainu hanno una peluria corporea più pronunciata rispetto ad altri popoli.

RACCONTI POPOLARI E LEG-GENDE METROPOLITANE

Vale la pena menzionare anche i racconti popolari e le leggende urbane che sono molto diffusi in Giappone. Spesso non sono chiaramente distinguibili dalla mitologia vera e propria. Di solito non contengono raffigurazioni dei kami, ma incorporano alcuni simbolismi o altri elementi che sono stati stabiliti dalla mitologia giapponese. Ad esempio, la storia di Momotarō parla di un ragazzo che nasce da una pesca e viene cresciuto come un figlio da una coppia senza figli. Il ruolo importante della pesca nella percezione giapponese è legato al suo ruolo nella fuga di Izanagi dagli inferi, come descritto sopra.

La storia di Urashima Tarō racconta del giovane pescatore omonimo che salva una tartaruga da un gruppo di altri bambini che la stanno torturando per divertimento. Si scopre che la tartaruga è in realtà la principessa di un regno che si trova sotto il mare e, come ricompensa per il suo salvataggio, viene invitato da lei nel suo palazzo il giorno successivo. Lì lei lo affronta in forma umana e i due si sposano. Dopo aver trascorso, dal suo punto di vista, solo pochi giorni con lei, lui ha nostalgia di casa e vuole tornare nella sua patria. La principessa accetta con riluttanza e gli dà uno scrigno da portare con sé, ma allo stesso tempo lo avverte di non aprirlo mai.

Una volta a terra, scopre rapidamente che la sua famiglia, i suoi amici e tutte le altre persone che conosceva non ci sono più, e che invece la sua casa e la sua città natale ospitano persone a lui sconosciute. Quando chiede a un uomo di passaggio se ha sentito parlare di un giovane di nome Urashima Tarō, l'uomo risponde che il ragazzo è scomparso in mare centinaia di anni fa.

Inorridito e rattristato per la sua assenza da diverse centinaia di anni, apre la bara. Improvvisamente inizia a invecchiare e si trasforma in un uomo anziano con una lunga barba bianca. Lo scrigno conteneva tutti gli anni della sua vita trascorsi nel palazzo sottomarino. Racchiudendoli, gli sono stati risparmiati gli effetti, mentre aprendoli, hanno avuto effetto con rapidità. In fondo allo scrigno trova una piuma. La prende, si trasforma in una gru e vola via.

Nonostante alcune differenze, si possono notare chiari parallelismi con la storia mitologica di Hoori. Sia Hoori che Urashima Tarō, in qualità di pescatori, sposano una donna che proviene da un mondo sottomarino e ricevono da lei un oggetto soprannaturale. Entrambi vengono esplicitamente avvertiti dalle loro mogli di non fare una determinata cosa: Hoori non deve guardare Toyotama-hime durante il parto e Urashima Tarō non deve aprire la bara. Ma grazie alla loro curiosità, entrambi sfidano le rispettive richieste e devono sopportare le conseguenze delle loro azioni:

Hoori perde il suo partner e Urashima Tarō perde la sua giovinezza o la sua vita. Anche il re del mare della storia, Ryūjin, è considerato sinonimo di Watatsumi in alcune tradizioni. Inoltre, si ritiene che il nome della storia, e forse anche la sua intera esistenza, derivi dal fatto che nel 14° capitolo del Nihon Shoki, molto tempo dopo il racconto di Hoori, si menziona di sfuggita che un ragazzo di nome Urashima visitò il regno di Watatsumi e vi vide cose meravigliose.

Al contrario, anche le figure dei racconti popolari giapponesi hanno un'influenza sulla comprensione della mitologia. Sarutahiko è stato a lungo raffigurato nelle rappresentazioni artistiche come una scimmia, a causa del suo nome e anche perché il suo viso e la sua groppa sono descritti come rossi. Tuttavia, la crescente popolarità dei tengu, creature mitiche alate con il naso lungo che sono oggetto di molti racconti popolari, ha fatto sì che Sarutahiko, che ha anche un naso eccezionalmente lungo, venisse sempre più spesso raffigurato con un aspetto esterno simile a quello di un tengu.

© Tobias Kuhn 2021

1ª edizione

Contatto: Psiana eCom UG/ Berumer Str. 44/ 26844 Jemgum

Disegno di copertina: Fenna Larsson

Foto di copertina: depositphotos.com

www.ingramcontent.com/pod-product-compliance
Lightning Source LLC
Chambersburg PA
CBHW022109150726

47990CB00003B/1296